LE ROLE

ET LA LIBERTÉ DE LA PRESSE

PARIS, — IMP. SIMON RAÇON ET COMP., RUE D'ERFURTH, 1.

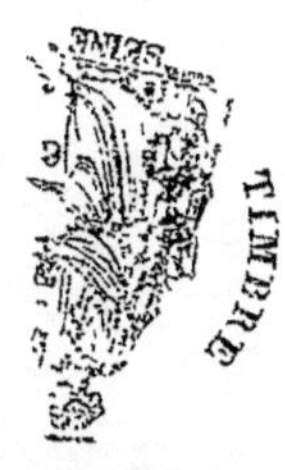

LE ROLE

ET

LA LIBERTÉ DE LA PRESSE

PAR

DUPONT-WHITE

Extrait du CORRESPONDANT

PARIS

LIBRAIRIE DE CHARLES DOUNIOL, ÉDITEUR

29, RUE DE TOURNON, 29

1866

LE

ROLE ET LA LIBERTÉ DE LA PRESSE

AVANT-PROPOS DE L'ÉDITEUR

L'étude ci-après est tirée d'un livre que fait en ce moment M. Dupont-White, intitulé : *Progrès de la France*. Ce livre, qui commence par un exposé économique, diplomatique et militaire, finit par une étude politique de la situation actuelle. Nous publions dès à présent cette seconde partie de l'ouvrage, comme la plus opportune et la plus intéressante par son sujet. Car elle se rapporte, non à des prospérités et à des gloires évidentes, acquises, incontestables, mais à des faits et à des réformes politiques qui sont encore un objet d'étude et de controverse : c'est ce que l'auteur va faire remarquer tout d'abord en prenant la parole.

Nous venons d'esquisser un tableau où abondent la grandeur et la prospérité. La France peut s'y reconnaître avec un vif contentement d'elle-même, et se décerner le témoignage d'un progrès fort enviable, établi d'ailleurs comme un fait, comme un chiffre. Dans le tableau que nous allons tracer, celui du *progrès politique de la France*, nous n'aurons plus cet éclat et cette sûreté de preuve.

Ici, en effet, tout est obscur, épineux, compliqué. L'embarras n'est pas seulement de dire les choses, sans aucune assurance de plaire en tout lieu : il est plus difficile encore de les voir comme elles sont, de les exposer comme on les voit, et de les prévoir, de les montrer comme elles seront, dans la voie où elles s'engagent. Ici plus de statistique, plus de documents officiels, pour acquérir et pour démontrer une opinion. Nous passons des faits économiques, diplomatiques et militaires aux faits de l'ordre moral où règne l'intuition, qui se révèlent au sentiment, qui s'interprètent par aperçus individuels et variables. Je ne puis plus dire : voyez ce capital et ces emprunts, voyez ces recettes, voyez ce commerce, voyez ces victoires et ces provinces nouvelles... Toutefois nul n'y contredira : les faits de l'ordre moral sont à compter, encore qu'on ne puisse les montrer du doigt et les évaluer en chiffres. Peu susceptibles d'une preuve régulière, ils ne laissent pas que d'être considérables entre tous. C'est même là ce qui gouverne le monde, aussi vrai que le monde ne vit pas seulement de pain, la France surtout dont on pourra toujours dire, comme de Scipion : *Novi spiritus tibi magnos magis quam utiles.* La destinée des gouvernements tient à l'opinion des peuples, laquelle n'est pas toujours déterminée par le plus ou le moins de bien-être, de territoire, d'avantages matériels et appréciables dont jouit un peuple ; puissance vague et étrange, indéfinissable du moins, qu'on ne voit pas avec les yeux de la tête, qui n'agit pas avec les mains du corps, mais qui n'en a pas moins droit de vie et de mort sur les puissances visibles et organisées. On a vu des gouvernements s'évanouir au milieu de la prospérité la plus évidente, et cela pour avoir blessé quelqu'un de ces intérêts moraux qui échappent au toisé. Tel fut l'ancien régime à sa dernière heure, qui est peu connue sous ce rapport. Si j'en crois une autorité comme M. Chaptal, dans son livre curieux *de l'Industrie française,* 89 éclata quand la France avait un commerce extérieur si puissant et si étendu qu'il faut descendre jusqu'en 1847 pour le retrouver avec les mêmes proportions. C'est bien le cas de répéter le mot fameux : *Périssent les colonies...* car l'Ile-de-France et Saint-Domingue étaient pour beaucoup dans cette prospérité qui ne pesa pas un fétu en faveur de l'ancien régime.

Vous pourriez rechercher si au temps de Jacques II la révolution anglaise ne se fit pas, toutes choses florissantes d'ailleurs, pour un grief analogue, c'est-à-dire purement moral. Mais au fait, à quoi bon ? Dès qu'il est entendu que les sociétés sont corps et âme, il est clair, *a priori*, qu'on ne les contente pas de tout point en les comblant et en les gorgeant au physique seulement, qu'une base toute matérielle ne suffit pas à fonder les gouvernements, et que certaines blessures faites à l'âme des peuples sont implacables. A oublier cela on peut se perdre. Encore que cette perte soit celle des gouvernements et rien de plus (car les sociétés, où le ressentiment des choses morales est profond, ont un principe de vie à toute épreuve), la chose est à considérer. Les gouvernements font un tel personnage que leur chute est un grave accident, qui incommode les sociétés, qui suspend la consommation, ne produit que le faux goût, et même ravage un peu les mœurs. C'est ce qu'on appelle une *révolution* ; et parce que les révolutions, en se multipliant parmi nous, sont devenues plus humaines, plus clémentes pour les personnes et pour les biens, ce n'est pas à dire qu'il convienne de les prodiguer.

I

Pour entrer tout d'abord *medias in res*, ma raison de douter au sujet du progrès politique, c'est que *l'esprit baisse en France*. Dût-on m'accuser de procéder sans ordre, de mettre les effets avant les causes, il faut signaler ce fait capital qui se laisse reconnaître un peu partout, et dont le principe d'ailleurs n'est pas douteux. Que la population soit stationnaire, en France, cela tient à des causes très-diverses ; et, si grave que soit ce fait, nous n'allons pas en tirer contre qui que ce soit une conclusion politique. Mais que l'esprit baisse dans un pays où le contrôle politique a été pendant longtemps la forme et l'exercice principal de cet esprit, cela vraiment est d'une tout autre signification. On pourrait croire à toute rigueur que cette société est à l'étroit dans ses institutions.

Mais le fait est-il réel, et comment allons-nous le prouver? Ce qui me touche le plus en fait de preuves, je ne puis le rapporter, l'imposer du moins. Le moyen de démontrer que les sujets politiques sont aujourd'hui des sujets d'entretien moins fréquents et moins animés? que telle classe de personnes s'y intéressait autrefois, qui les néglige aujourd'hui? que les raisons, les vues, les nouvelles apportées dans ces rares conversations sont en général vulgaires et pitoyables? Là-dessus, je ne puis que faire appel aux souvenirs, aux observations et à la bonne foi de chacun. Il faut être bien jeune pour n'avoir pas mémoire d'un temps où la chose publique tenait plus de place dans les esprits, et trouvait des esprits plus éclairés, plus informés, plus curieux d'un avenir par delà fin courant.

Cependant on peut noter çà et là quelques traits visibles de cet état de l'esprit français, — le nombre et la faveur des journaux où domine l'anecdote, le commérage, les bruits de salons, de villes, de coulisses, — la place conquise dans les meilleurs journaux par ce genre de nouvelles et de discussions ; — au théâtre, la désuétude du sifflet : le goût, c'est le dégoût : le public n'a ni l'un ni l'autre, à moins d'un scandale qui le réveille et l'exaspère; — moins de mémoires lus ou envoyés aux Académies ; — études classiques moins fortes qu'autrefois, selon l'aveu du ministre compétent ; — popularité croissante des journaux creux, des spectacles nus, des romans troussés, de tout un art enfin qui s'appelle *réalisme* et que j'appelle *cynisme*, pour le choix qu'il fait de certaines réalités. Comme on ne pense pas à tout en même temps, quand la pensée d'un peuple se complaît et se borne, ainsi qu'on vient de l'énumérer, elle ne peut être ailleurs, plus haut, plus loin, dans les choses d'avenir et d'ensemble qui constituent la chose publique. Il faut entendre là-dessus les hommes d'esprit et d'expérience qui ont passé leur vie à diriger les journaux : ils sont unanimes à sentir le public se dégrader, sa curiosité se pervertir. Leur témoignage ne peut être dédaigné. Ils sont à l'égard du public comme le cavalier qui a la longue habitude d'une monture et qui la sent mollir, défaillir sous sa main et entre ses jambes.

Il ne faut voir là, me direz-vous, qu'un pur caprice de l'esprit français, capricieux, comme chacun sait ; une de ces phases auxquelles il est sujet, qui tiennent au tempérament de la race et non aux institutions.

Cette explication me satisfait peu. L'esprit doit baisser dans un pays qui a pris longtemps une part active à ses affaires et qui ne l'a plus au même degré. Il doit baisser pour causes politiques, et voici comment : ou vous ne pensez plus rien sur la chose publique, la tenant pour étrangère : ou vous n'osez plus dire ce que vous en pensez : ou vous le dites par voie d'allusions, d'épigrammes voilées. Or rien de tout cela n'est viril, et cet exercice ou cette inertie de l'esprit lui est désastreux.

Pour serrer la chose de plus près, supposez une nation où le gouvernement exerce une action décisive sur le choix des mandataires nationaux, où il avoue et pratique de toute sa puissance un système de candidatures officielles, l'effet en sera sensible sur l'esprit politique du pays. Voilà du coup dix mille personnes peut-être, candidats nés pour le contrôle public ou local, qui n'ont désormais nuls soins à prendre, nuls efforts, nulles preuves à faire pour mériter leur élection. Tout se borne et se simplifie pour elles ; il ne s'agit plus que d'une visite à faire au préfet.

Étonnez-vous donc après cela que l'esprit d'un pays décline, et tourne aux petites choses ! Les grandes dont il avait l'habitude lui étant défendues, il s'en abstient. Au fait, pourquoi persister dans des voies qui n'ont plus d'issue, dans des études sans avenir et sans fruits? Tout le monde y perd : et le gouvernement autant que la nation, quand il est capable d'autre chose que d'une politique électorale, quand il peut montrer telle grande chose de sa façon, la victoire rajeunie, le drapeau illustré, une revanche de Waterloo : *Non mortui laudabunt te...*

Que l'esprit baisse en ce pays, cela est de la dernière gravité : car la France vaut surtout par l'esprit. Telle autre nation, telle autre race a pour elle les dons du caractère, une volonté énergique et indomptable, l'acharnement du boxeur qui, douze fois renversé, se relève autant de fois et triomphe à la dernière : cette nation persévère à tout prix, entreprend de toutes parts : à force d'oser et de s'obstiner, elle a fait fortune. Ces Anglo-Saxons excellent à coloniser, à pulluler, à défricher : s'il ne s'agissait que de couvrir la terre de moissons et d'habitants, ils s'acquitteraient à eux seuls du progrès universel. Quant à la France, elle a le discernement sur les hauteurs, l'aptitude aux grandes fins, l'exploitation en quelque sorte de la conscience humaine pour en faire sortir ce qu'elle contient et le proposer au monde. Son idéal est sans bornes, pas moins que la poursuite et le cumul du bien, du beau, du vrai, de l'utile ; et l'on ne peut pas dire ici que les facultés manquent à l'ambition. Elles ont quelque chose, dans leur abondance et leur généalogie, de ce qu'on découvre dans les lois de la nature. La science aujourd'hui semble dire que la lumière est chaleur, et que la chaleur est force. Or, l'histoire nous raconte un esprit français tout semblable à ce cosmos, un esprit dont la clarté fait l'ardeur et dont l'ardeur fait le prosélytisme, la propagande à main armée.

La France est douée de telle façon qu'avec des souffrances et des fautes, comme on en voit peu, elle triomphe de ses ruines, elle triomphe même de ses remords ; rien ne lui pèse de sa douloureuse histoire ; elle marche à l'avenir par une force, par une lumière intime qui reparaît, après ses éclipses, plus rayonnante que jamais ? c'est le miracle de l'esprit. Ce don y fut toujours cultivé, fécondé à souhait, — non, pour le dire en passant, par l'enseignement primaire, mais par celui des lettres que le clergé répandait à profusion et gratis, pour ainsi dire : on pourrait citer à ce propos l'observation d'Adam Smith, et l'aveu officiel de M. Villemain. — A certaines époques, les fruits de cette culture sont prodigieux. Comme la France s'est passée des émigrés ! de l'Université ! des Parlements ! Singulière aventure d'un peuple qui voit disparaître tout à coup, pour une cause ou pour une autre, tout ce qui était en possession de l'administrer, de le juger, de le réglementer, de le mener aux combats de terre et de mer, qui perd enfin toutes les anciennes forces, et cela dans un temps où toutes ses forces n'eussent pas été de trop contre l'Europe coalisée ! On dirait un peuple décapité ! Comment va-t-il vivre en cet état ? Rien n'est plus simple. Fouillant en lui-même, il y trouve de quoi suppléer partout à cette disparition, à cette destruction. *Le Roi est mort ! vive le Roi !* criait l'ancienne monarchie. Cela, par parenthèse, est du plus grand souffle, c'est la foi et l'audace, c'est le commandement d'*en avant*, confus et enveloppé ! Seulement, ce n'est pas la royauté qui est immortelle (on le lui fit bien voir), c'est l'âme, surtout l'âme de la France. Au premier appel de la révolution, les organes lui repoussent complets et vigoureux : juges, enseignements, officiers, reparaissent de toutes parts, et jusqu'à des marins. Un historien anglais, le biographe de lord Howe, a porté témoignage de cette survivance inépuisable. Racontant la bataille navale où périt *le Vengeur : les Français*, dit-il, *ne s'étaient jamais mieux battus auparavant, et ne se battirent jamais si bien après ; et ils étaient bien commandés aussi (well officered also).*

Il est fort naturel que les qualités d'esprit paraissent au fait et au prendre : *Ce que l'on conçoit bien s'énonce clairement*, a dit Boileau. J'ajoute que les actes comme les mots répondent de tout point à l'éclat et à l'entraînement de la pensée française. Comme ce pays conçoit avec netteté, il organise avec puissance, il exécute avec succès et contagion. Du haut de ses qualités, et malgré ses lacunes, il répare tout, supplée à tout. Les pertes, les désastres, les crises ne peuvent détruire cette fécondité intarissable, cette richesse qui renaît de toutes les ruines. *Divitias vincere nequeunt.* Telle est la vitalité française, que ni revers, ni travers ne peuvent l'éteindre. D'autres peuples languissent sous leurs malheurs, sous leurs crimes. Voyez l'Allemagne après la guerre de Trente ans, arriérée d'un siècle, suivant l'estime de Frédéric le Grand, par tout ce qu'elle y avait souffert et perdu ! tandis que la France, en quelques années de Henri IV et de Sully, réparait ses guerres de religion, plus longues et non moins destructives, avec la séve de convalescence la plus juvénile. Voyez l'Espagne, et ce qui lui en coûta pour avoir traité, comme on sait, les hérétiques et les Maures. Il n'est pas clair qu'elle s'en soit relevée : *Depuis un siècle*, dit le général Foy, *pas une idée, pas une découverte, pas une impulsion ne venait du côté des Pyrénées.....* Et pourtant il n'y avait plus de Pyrénées !

Il faut voir maintenant d'où vient cet esprit français : de la race, à coup sûr, et de ses dons innés, mais aussi des institutions qui l'entretinrent, qui lui ouvrirent la carrière. Quand je dis que l'esprit baisse en France et qu'il baisse faute d'une liberté suffisante, j'ai par devers moi le passé, qui m'autorise à porter ce jugement : un passé où l'esprit eut toute sa grandeur dans des existences, dans des castes qui avaient leur fierté. *A priori* ne serait-il pas étrange que des institutions purement vicieuses et oppressives eussent développé ou même simplement permis en France cet essor intellectuel qui remplit notre histoire ? Celles du passé n'avaient pas parmi nous un caractère aussi absolu. Je ne crois pas commettre un paradoxe ; j'oserai dire que ce qu'il y a d'esprit en France vient de la liberté, non pas sans doute de celle que nous concevons et réclamons aujourd'hui, mais de celle qui suffisait au moyen âge. Elle n'était pas pour tous, elle était un privilége, uniquement pour la noblesse, l'Église, et plus tard pour quelques autres corps, locaux, judiciaires, enseignants. C'était la façon alors d'entendre le droit ; mais il n'en fallait pas plus pour entretenir debout, au sommet de la société, certains hommes, certaines classes, avec un très-haut sentiment d'elle-même. C'est ainsi que l'esprit vient aux sociétés, et c'est de là qu'il s'y répand. Il est certain que quelque chose durait encore de ces institutions au dix-septième siècle, à cette date de l'esprit humain où l'esprit français eut son épanouissement. Soyez justes, et vous reconnaîtrez que la noblesse, que l'Église, eurent leur bonne part de cette efflorescence. Ce fut un de leurs priviléges ; *les précieuses de l'hôtel de Rambouillet* étaient assurément des personnes de qualité. Ainsi l'intelligence eut toute sa splendeur là où étaient le droit et la dignité, tels qu'on les entendait alors, c'est-à-dire parmi les castes. D'où il me semble permis de tirer cet enseignement : si la nation, qui aujourd'hui est au droit des castes, n'a pas pour être grande ce qu'avaient les castes, elle déclinera intellectuellement. Voilà des preuves, s'il vous en faut, de ce qui est évident par soi-même, c'est-à-dire d'une certaine liaison entre le développement de l'intelligence et le sentiment de la dignité humaine.

Il faut prévoir ici quelques objections :

Que voulez-vous? me dira-t-on, si l'esprit baisse parmi nous ou plutôt s'il change d'allure et d'objet, c'est que la tradition du siècle dernier est à bout. Il y a des choses qui s'épuisent. Rien n'est passager comme les modes, les engouements ; celui de nos pères pour la littérature durait depuis deux siècles et plus, c'est bien assez. Le grand mal que nous soyons quittes du bel esprit, et que le temps soit passé des petits vers, des parallèles, des portraits, des bouquets à Chloris, où excellait le dix-huitième siècle ! Regrettez-vous par hasard ces antiques fleurs de boudoirs? l'émigration, Rivarol en tête, les a emportés avec elle, et les a semées à travers l'Europe ; qu'elles y restent, qu'elles aillent en paix avec les vers de Delille, la critique de Laharpe, l'éloquence de Thomas et de Raynal ! Trouvez-vous donc qu'il n'y a pas eu assez de sophismes, assez d'emphase, avant et depuis la Révolution? on dirait, à vous entendre, que le madrigal fait partie des principes de 89, et que Marivaux est l'ancêtre nécessaire d'un Mirabeau.

Je dois dire que je n'ai entendu cette tirade nulle part, et que personne encore n'a fait ainsi le procès à l'esprit du dix-huitième siècle ; mais il faut songer à tout, et, quand on prévoit l'iniquité d'un jugement, il faut y répondre, ce que l'on pourrait faire en ces termes ou à peu près :

Non, je ne regrette pas l'excès, le ridicule dans ce passé d'où nous sortons ; mais laissez moi regretter la noblesse de goûts, l'élévation et la culture intellectuelle, qui distinguaient cette époque, maniérée quelquefois, mais ardente et sensible aux grandes choses. C'était l'ancien régime, j'en tombe d'accord ; mais il admirait et reconnaissait l'esprit partout, même dans la lourdeur de certains sujets, même dans la roture et l'humilité des écrivains. Si Paris est l'endroit du monde où l'on sait le meilleur gré aux gens de leur esprit, sachez bien que cette tradition est de l'ancien régime, dont les préjugés, il faut croire, entendaient raison.

En ce temps-là vous pouviez parler du *commerce des blés*, comme Galiani : vous pouviez être un enfant trouvé, ou même un fils de coutelier, sans que cela fût d'aucune conséquence, d'aucun obstacle ; l'art et le talent sauvaient tout : on estimait les gens d'esprit, les choses d'esprit, on courait aux plaisirs de l'esprit. Cela valait mieux, à tout prendre, que de hanter la Bourse et les coulisses, de quêter des places, de dormir au sermon. Cette époque avait cet avantage sur nous, que chacun alors inventait son esprit, ses jugements, ses mots. On n'avait garde de les redire, de les prendre tout faits par d'infiniment petits littérateurs, par des comtesses de lansquenet, comme on disait autrefois, ou par des représentants du commerce, comme on dit aujourd'hui.

Il n'y avait pas alors les lieux communs de l'esprit, je ne sais quel gros sel colporté par tout le monde : une facétie désolante. Le baron de Bezenval, arrêté en 89, gardé à vue par des jeunes gens de la basoche, raconte la chose dans ses Mémoires : *C'était*, dit-il, *des garçons pleins de drôlerie et d'originalité*. Il avait vu cela ailleurs, il le retrouvait là, et il savait en convenir. Si la haute société avait quelque apprêt, quelque mièvrerie dans ses fleurs de conversation, au moins elle les apprêtait elle même, elle avait de l'artificiel plutôt que du banal et de l'emprunté. Les vaudevilles de Favart étaient alors en grande faveur ; mais croyez-vous que le siècle dernier se bornât à cet esprit, qu'il en fît ses délices et son unique entretien?

Non vraiment, si la foire avait ses tréteaux, si Nicolet avait ses charges, l'écho n'en était pas partout, comme il l'est aujourd'hui, de certaines bouffonneries mal nées et parvenues. J'aimerais bien qu'on me fît ici une prosopopée, qu'on évoquât l'ombre de Voltaire, de Diderot, de Galiani, et qu'on leur montrât quelque échantillon de l'esprit qui court aujourd'hui les salons, les ateliers, les cafés-concerts ; car c'est le même partout, il n'y en a qu'un aujourd'hui pour le peuple français, peuple de frères. Les voyez-vous ces grands moqueurs, éperdus, consternés! C'est qu'ils avaient une toute autre façon d'entendre l'esprit. C'était pour eux l'expression pittoresque d'une idée juste, l'expression grotesque imposée à l'idée fausse, l'arme offensive de la raison, la logique cuisante du ridicule, la mor-

sure et la caricature au profit du droit, tout autre chose qu'un effet
de mots, qu'une surprise d'oreilles, qu'un argot convenu en mauvais
ou en bas lieu dont il n'aurait jamais dû sortir.

Sous le ridicule dont cette société n'était pas exempte, il y avait
une force qui se cultivait, une curiosité sérieuse autant que vive, un
ressort qui fit bien voir plus tard de quoi il était capable. A cette
époque où l'on soupait, mais où l'on faisait l'*Esprit des lois*, tout
n'était pas conversation oiseuse et bel esprit pur. On agitait de
grandes questions, et l'on allait jusqu'à conclure ; le temps appro-
chait où l'on conclurait à l'action, ainsi qu'il appartient à cette fine
lame de l'esprit français. En attendant mieux, il s'exerçait, se trem-
pait fortement, sous cette grâce des apparences. Une académie de
province ayant mis au concours une question telle que l'extinction
de la mendicité, il lui arriva soixante et dix-sept mémoires. J'ai sous
les yeux le livre curieux où se trouve l'abrégé de ces mémoires, dont
tel contient des vues fort analogues à celles de Fourier. Et c'était
l'académie de Châlons-sur-Marne ! et le socialisme n'était pas né !

Un célèbre avocat de cette époque a laissé une correspondance
volumineuse, entretenue avec tous les barreaux de la France. On y
trouve de tout, me disait le petit-fils de Target, excepté des questions
d'affaires et de procès. La grande affaire de ces légistes, le principal
objet de ces lettres est tout littéraire : ce sont des questions ou des
jugements sur les livres, sur les auteurs, sur les académies.

Encore une fois, il ne faut pas croire que tout cela fût frivole et
infructueux. On le vit bien en 89, à cette Assemblée constituante
qui pas plus qu'une autre ne sut fonder un gouvernement, mais qui
réforma la société. Ce n'est pas en vain que la France avait fait œuvre
d'esprit, assidue et universelle. Toute réflexion faite, elle tira d'elle-
même, au premier appel, une assemblée, une élite où se firent des
lois fameuses dont nous vivons encore, dans l'ordre administratif,
judiciaire, fiscal. La grande époque réglementaire n'est pas le Con-
sulat, quoi qu'on en pense, c'est l'Assemblée constituante. Le Code
civil n'est pas le fait de cette assemblée : toutefois j'en veux parler
pour montrer tout ce que valait la France, non-seulement à ses hauteurs privilégiées et parmi les classes douées de loisirs, mais partout, et parmi ceux-là mêmes qui avaient un métier, sans que ce
métier fût une borne et les dérobât à l'impulsion généreuse de leur
temps. Le Code civil fut fait, non par des légistes tels que le président de Montesquieu, le président Hénault, l'avocat Linguet, le conseiller Duport, mais par des gens d'affaires, par des praticiens qui
n'en eurent pas moins assez de méthode, de philosophie et de style
pour mener à bien cette chimère de Montesquieu, cette épopée du
droit français. Tels étaient les dons de cette époque, dans leur diffu-

sion et dans leur éminence, que l'idée proprement dite. s'y faisait jour partout, ne faisait défaut nulle part, et répondait *adsum* pour peu qu'elle fût touchée, interpellée. Jamais l'esprit d'une race n'apparut si clairement sous les traits qui en font la distinction et la grandeur.

Un siècle ne tient pas toujours dans son millésime. Le siècle dernier a vécu, s'est prolongé jusqu'à nos jours par la force ou par la grâce de ses traditions, quelquefois par la longévité de ses produits. Nous l'avons vu s'éteindre dans ses derniers représentants. Qui ne les a rencontrés dans sa jeunesse ces gracieux débris d'une autre époque, aux cheveux blancs et à l'esprit leste, parvenus à la dignité de l'âge, qui dataient des prisons de la Conciergerie, qui lisaient Molière dans la retraite de Moscou? Tel d'entre eux avait connu Champcenetz, qui promettait pourboire au cocher de la guillotine. Il y a plaisir à se les rappeler, quittant un salon après une dernière saillie, ne prenant congé que sur un bon mot final. Quelquefois même c'est ainsi qu'ils sortaient de la vie. Vous m'avouerez que cela commence à être grand!

Les étrangers sont plus lourds qu'ils ne croient à parler, à médire comme ils font de cette légèreté française. Il faut voir ce qu'elle cache, légère ou non, ce qu'elle domine et le poids qu'elle soulève. C'est un ressort, et des mieux trempés ; un atticisme qui touche quelquefois au stoïcisme. Vous me direz que le dix-huitième siècle était plein de déclamation. Je ne sais : à voir comme il supporta sur ses fins tant de nouveautés désolantes, une telle déroute des habitudes et des fortunes, je croirais plutôt qu'il n'avait jamais déclamé, qu'il y avait alors une juste proportion entre les mots et les idées, et que les plus grands ne l'étaient pas trop pour la pensée française de cette époque.

Cet esprit de la France, la monarchie parlementaire en hérita et s'en empara. Rien n'était plus propre à le développer sous un nouvel aspect. A ce souffle que nous apporta la Restauration, dans cette carrière d'un peuple qui se gouverne lui-même, il se transforma, se virilisa et tout à coup éclata en orateurs, en historiens, en philosophes de l'histoire et même en poëtes. J'allais dire que cette impulsion était nécessaire au sortir de la période impériale ; que l'Empire n'avait rien formé, rien inspiré, pas même des généraux ; qu'un homme, en se substituant à une nation, la frappe de stérilité. Mais, toute réflexion faite, cela serait faux et vulgaire. Si l'Empire n'eut pas grande littérature de son vivant, il en laissa du moins le sujet et l'inspiration, qui paraîtra quelque jour. Il fit retentir le nom de la France, ce qui est matière épique, lyrique, tragique surtout, ce qui est même pour un peuple une raison d'être libre, le menant par le sentiment de sa grandeur ou par celui de ses désastres au besoin de s'appartenir. Tel fut ce pays, en 1814, trop grand, trop éprouvé pour tenir dans la main d'un homme, soit celle d'un Bonaparte, qui s'ouvrit alors pour l'acte additionnel, soit celle des antiques Bourbons.

Comment après cela se passerait-on de liberté en France? La gloire usée, les grands spectacles finis et quelquefois sifflés, de quoi vivrait ce pays? de controverse économique, de gestions locales, d'affaires et d'émulations industrielles? Allons donc! cela ne suffit pas. Sa proie légitime, c'est la chose publique avec ses énigmes et ses défis. On ne vit pas à moins dans notre siècle et dans nos pays d'Occident. Aux exercices, aux passe-temps qu'on vient de voir vous ajouteriez la dispute religieuse, que cela ne serait pas assez. L'Allemagne en est une preuve. Ce n'est pas la *christologie* qui lui a manqué, ni l'*exégèse* biblique; mais il ne paraît pas que cela suffise pour faire figure parmi les peuples, pour conduire les affaires et les idées du monde.

Il ne faut donc pas dire que l'esprit de la France s'est surmené, s'est épuisé, et qu'il entre à cette heure dans une phase de repos naturelle. Ce qui est naturel parmi nous, c'est la fonction de l'esprit, si haut qu'il peut monter. En tout cas, la liberté politique l'avait renouvelé, l'avait entretenu en force et en ardeur jusqu'à ce jour.

Mais cela n'est pas clair pour tout le monde, et tel admirateur du temps actuel me tiendra peut-être ce langage :

Je ne suis pas chargé d'expliquer pourquoi l'esprit baisse en France, et franchement je ne suis pas même convaincu de la chose. Mais à coup sûr, cela ne peut avoir lieu pour une raison politique qui serait que le pays est destitué de tout pouvoir sur lui-même, et n'a plus ce grand exercice de ses facultés, qui consiste dans le gouvernement. Regardez-y de plus près : rien n'est réel comme le concours de la France au gouvernement. Le droit d'élection est partout : que voulez-vous de plus? et le droit de l'élu est non-seulement de parler, de s'expliquer à titre consultatif et de remontrance, comme les notables devant Richelieu, mais de voter les lois, l'impôt, le recrutement. Que voulez-vous de mieux? Le jour où le pays voudra des députés indépendants, il les aura; car le suffrage universel n'est pas un suffrage qu'on intimide ou qu'on corrompe comme celui d'une classe électorale. Et le jour où ces députés voudront soit interdire, soit prescrire au gouvernement telles mesures ou telles personnes, ils le pourront; car ils peuvent refuser la vie au gouvernement, c'est-à-dire le budget et l'armée. Songez donc à la croissance naturelle des pouvoirs électifs, de ceux-là surtout dont le mandat se retrempe, se renouvelle périodiquement.

J'entends bien : vous me parlez là d'un pays qui peut imposer sa volonté par ses représentants, au moyen d'un refus de concours pécu-

niaire, où telle est du moins la théorie des institutions. Mais il faudrait
deux choses pour que ceci devînt une vérité pratique : d'abord que ce pays
pût se former une volonté, ensuite qu'il pût nommer des représentants
capables de la faire prévaloir. Or ce pays a-t-il ce qu'il faut pour cela
d'information et de discussion permise ? A défaut de réunions libres
et sonores, a-t-il au moins des journaux, justiciables seulement de la
justice, soit pour lui proposer des candidats et des programmes politiques, soit pour résister aux candidats officiels et à l'abus des influen-
ces officielles ? Si cette source de l'élection est viciée, prenez bien garde
que tout est vicié par là. Il ne faut plus parler de droit national, de
concours et de contrôle publics. Illusions, apparences que tout cela !
Comme le gouvernement a dicté les choix du pays, il va dicter les
votes des représentants, et l'on arrive ainsi à une hypothèse qui n'est
pas moins que celle du pouvoir absolu.

Je prie bien le lecteur de retenir et de méditer ce trait final. Au
début d'une controverse où il sera souvent question des délits et même
des crimes de la presse, auxquels je crois parfaitement, il faut signaler cette conséquence d'un régime où la presse ne peut commettre
ni crime ni délit.

Nous tenons ici le nœud de la situation : nous arrivons de ce pas au
cœur même d'un débat qui trouve peu d'indifférents. Notez qu'il n'y
en a pas d'autres : car dans le passé de la politique à laquelle nous
assistons, le pays n'aperçoit peut-être que grandeur ou excuse : et
l'avenir est un inconnu qui ne se préjuge pas, quand il est le secret
d'un seul. Reste, pour le présent, ce grand article de la presse ; au
fond, tout est là, uniquement là, entre la France et son gouvernement. — La France, dites-vous, a voulu ce gouvernement ; — mais
aussi bien elle voudrait son franc parler, dont elle a quelque habitude, et je crois même qu'elle y tient absolument. Tel est, si je ne me
trompe, le sens de certaines élections récentes. Quelques-uns y lisent
que la France est éprise de liberté aujourd'hui comme elle l'était d'é-
galité il y a quatre-vingts ans. Rien n'est plus probable : ce pays intel-
ligent pourrait bien avoir acquis cette idée, qui ne lui est peut-être
pas naturelle et instinctive comme aux Anglo-Saxons : ce qu'on ne
trouve pas en soi tout d'abord, on y parvient quelquefois, l'expérience aidant. En tout cas, cette interprétation concorde avec la nôtre,
car, selon nous, la seule chose qui manque à ce pays pour être libre,
c'est *la liberté de la presse*. Cela dit, qui n'est pas évident de soi-même,
c'est peut-être le cas d'aller jusqu'au bout et d'étudier, d'instruire à
fond une bonne fois, autant qu'on le pourra, cette grande cause de
l'esprit français et de ses expressions nécessaires.

II

La question n'est pas neuve, elle est permanente en quelque sorte : on la traite partout et à tout propos, mais partiellement, incidemment. Il n'est pas de jour que quelqu'un n'en dise quelque chose, mais toujours une chose facile à prévoir, préconçue, inhérente à l'interlocuteur et à ses préventions acquises d'homme de pouvoir ou d'homme de parti, d'ouvrier officiel ou d'ouvrier intellectuel. Ce serait une nouveauté que de tout dire là-dessus et d'oublier ce qu'en disent les partis, les salons, les antichambres, les journalistes, les gouvernants ; d'oublier surtout ce que soi-même on en pensait.

Dans cet esprit, il ne faut pas faire un acte de contrition, encore moins un acte de foi, ce qui serait excessif ; mais il faut reconnaître qu'au sujet de la presse il y a question ; que la chose est perplexe et embarrassante dès qu'il s'agit, non de la plaider mais de la pénétrer ; que sur ce sujet rien n'est acquis, malgré une possession ancienne et féconde, mais aussi que rien n'est évident en face de faits nouveaux tels que la révolution de Février et le suffrage universel. La dernière chose à croire, c'est qu'une société comme la nôtre subirait patiemment une pure oppression, avantageuse et commode seulement à qui la gouverne.

Laissons parler d'abord les adversaires de la presse. Ils ont en ceci leur intérêt sans doute ; mais il faut voir leurs raisons. Bien entendu, que l'unique objet de ce débat c'est le journal, le droit du journal, et non celui des livres ou des brochures, qui ne se lamente pas. Or, à l'égard du journal, amis ou ennemis peuvent poser ainsi la question : — Parler au public, composé comme l'on sait, et cela tous les jours, au moyen d'une feuille imprimée, avec la faveur du bas prix, sur un sujet tel que les hommes et les choses du gouvernement, est-ce un droit naturel ? — c'est-à-dire un de ces droits qu'on exerce sans en demander la permission et sans en rendre compte à qui que ce soit ? Assurément, parler et écrire sont des droits naturels comme de travailler, de prier, de s'éclairer la nuit, d'aller et venir : et nul ne songe à gêner la parole ou l'écriture. Mais le journal est une manière de parler et d'écrire toute particulière, *sui generis*, de même que le gaz, la vapeur, l'atelier insalubre, la prédication publique, sont des modes tout particuliers d'éclairage, de locomotion, de travail, de prière, avec cette conséquence insigne et capitale qu'ils sont soumis à des lois toutes particulières.

Soit, j'admets de tout point cette analogie ou plutôt le principe su-

prême de tout cela : *il n'y a pas de liberté*, comme on dit, *qui n'ait son règlement*, parce qu'il n'y en a pas dont l'égoïsme individuel ne ferait abus si elle était sans limites. Mais la conséquence à tirer de là est uniquement que la presse doit être soumise à des lois et à des juges. Rien dans ces prémisses ne justifie l'arbitraire, le bon plaisir administratif, comme la seule discipline qui convienne à la presse. Des lois et des juges, il y en a pour tous les cas, depuis le mur mitoyen jusqu'au parricide. C'est la manière bien connue de traiter et de conserver tout ce qui s'appelle droit parmi les hommes. Vous admettez peut-être que les hommes ont des droits, et dans les relations qu'ils entretiennent les uns avec les autres, et dans leurs relations avec l'État. Or, dès qu'il y a litige sur ces droits, n'est-ce pas chose élémentaire que ce litige doit être apprécié selon des règles fixes et prévues, — c'est-à-dire selon des lois, — et par des hommes institués par l'indépendance, — c'est-à-dire par des juges? Il faut être peau-rouge, oriental ou nomade, pour admettre le pouvoir de l'homme sur l'homme. Nous n'en sommes pas réduits, je suppose, à démontrer que la loi est préférable à l'arbitraire, — parce que la loi est l'*intelligence sans la passion*, comme dit Aristote, — et parce que l'arbitraire doué de génie *est un accident heureux*, comme disait un tzar, l'empereur Alexandre. — Demandons-nous seulement pourquoi la presse serait seule exclue du régime égal. Que les journaux aient un droit naturel ou un droit acquis, cela n'est d'aucune conséquence que vous puissiez invoquer contre eux. Naturel, ce droit devrait être absolument libre; acquis, il ne doit être soumis qu'à justice : c'est tout ce qu'on demande pour eux.

Maintenant, prenez bien garde à l'objet d'un droit qui n'est pas moins que de contrôler les pouvoirs publics. Naturellement, ce droit périt, si vous le soumettez à ceux contre lesquels il est institué. Car alors ce n'est pas des juges qu'il rencontre, mais des ennemis, des étouffeurs. De sorte que si le régime légal n'existait pas, il faudrait l'inventer pour le salut d'un droit qui a paru longtemps nécessaire, et qui se réduit à rien en dehors de ce régime.

Non, dites-vous : pas de lois, pas de juges pour la presse, car alors la presse serait impunie. Ce n'est pas que les juges manqueraient à la répression, mais la répression manquerait son effet. Considérez que les méfaits du journal sont réputés simples délits, par où ils sont passibles de simples peines correctionnelles. Or, le parti qui est derrière le journal payera l'amende et payera même la prison subie par le gérant, ou de nos jours par le secrétaire de la rédaction. Comparez donc la fin que se propose un journal, laquelle n'est pas moins que de déplacer le pouvoir, aux peines dont il est menacé ! Nulle proportion n'existe entre ces rigueurs et ces profits. Ce n'est pas pour si peu qu'il se détournera d'un but si grand, si rémunérateur. Vous voyez bien qu'il s'agit d'opter entre l'impunité des journaux ou leur sujétion administrative. C'est là que nous en sommes. Or, le gouvernement est le gardien de la société, et dans un pays où tout fait question, même la propriété, même la dynastie, le gouvernement ne peut livrer cette dispute à des journaux qui ne peuvent être réprimés. L'Angleterre a des journaux libres, mais qui ne touchent pas à ces questions, apaisées et résolues qu'elles sont à jamais. Parmi nous, au contraire...

Laissez-moi vous interrompre et vous dire que cette impunité, à défaut d'arbitraire, est une pure illusion. Les exemples pris de l'Angleterre, les leçons qui nous viennent de là, je ne les invoque ni ne les fuis. J'y ajouterai même, en leur lieu, les exemples et les analogies de la Russie, de l'Autriche, de la Turquie et du Mexique. Pour le moment, il faut répondre uniquement à ceci : Que les peines correctionnelles appliquées jusqu'à présent à la presse sont des peines trop faibles, inefficaces et disproportionnées à l'importance du délit. Si le fait est exact, vous ne pouvez en bonne logique que conclure à des peines plus fortes. Dites que la presse peut commettre des crimes, essayez contre les journaux des peines afflictives et infamantes, ressuscitez et appliquez les lois de septembre ; vous auriez là un avantage peu enviable sur le gouvernement qui avait fait ses lois dans un jour d'alarme, et qui n'alla pas plus loin que cette théorie. Mais ne dites pas que *le droit de contrôler le gouvernement doit avoir pour juge le gouvernement lui-même.* Franchement cela n'est pas même un sophisme.

Au surplus, il n'est pas nécessaire d'ériger en *crimes* les délits de la presse, pour les réprimer efficacement. L'impunité n'est pas inhérente à cette matière, tant qu'elle est réputée simple matière correctionnelle. C'est le contraire qu'il faut tenir pour vrai. La peine, et même la plus forte peine imaginable, est inhérente à tout procès de presse. Je veux parler de la saisie qui est le premier acte de toute poursuite : cette saisie, par où le journal n'arrive pas à son public, constitue la plus sensible des répressions contre un organe de publicité : et cette peine, qu'il y ait ou non acquittement, est encourue dès qu'il y a procès. Qu'importe en effet la mainlevée du journal saisi, quelques mois après le jour où il devait paraître ? Si le journal est dangereux par les idées qu'il peut répandre, si la peine est illusoire contre les idées dangereuses une fois répandues... voici une répression infaillible : car elle n'est pas moins qu'un obstacle insurmontable à la diffusion de ces idées, et il n'est pas besoin pour cela que ces idées soient *condamnées :* il suffit qu'elles soient suspectes et frappées de saisie à ce titre : tout danger, tout écho, tout incendie, tout venin disparaît du coup, et ce coup le gouvernement peut le porter quand bon lui semble. Vous ne direz pas que ce gardien de la paix publique soit sans armes, sans défense : le boute-feu vient à lui (je veux parler du dépôt préalable de chaque journal), et il ne tient qu'à lui de mettre le pied dessus. Que voulez-vous de mieux ? Je veux, dites-vous, un pouvoir absolu sur cette machine de guerre, sur cet engin destructeur, un pouvoir d'intimidation et de suppression suspendu sur ses œuvres, par où il se modère lui-même, et n'expose pas le gouvernement à l'odieux d'une défense qui s'appelle une *poursuite*. Vous ne m'en ferez pas accroire avec votre théorie des droits individuels. Il n'y a rien d'individuel dans le journal : il y a une association latente, un parti armé, un gouvernement tout prêt. A ce titre le journal constitue un cas suprême d'utilité publique. Peu importe que le droit du journaliste y soit mêlé. Cela ne tranche pas la question dans le sens d'une discipline légale, d'une répression judiciaire ; car le pouvoir exécutif est l'arbitre souverain de l'utilité publique : et, dans cet office, quand il rencontre sur son chemin les droits individuels, c'est lui seul qui les reconnaît, qui les traite et les juge comme il l'entend. Droit du contribuable, droit du conscrit, droit de l'exproprié, autant de droits individuels apparemment, et qui n'en sont pas moins appréciés d'une manière souveraine ou par le gouvernement lui-même, ou par des juges que le gouvernement peut révoquer. Dans ces divers cas où l'intérêt public et le droit individuel sont mêlés, cet intérêt est réputé supérieur à ce droit, de telle façon que le gouvernement demeure juge exclusif de tout litige, de tout conflit ; et cela est entendu de la sorte non-seulement par les principes, mais par les lois même de 89.

On ne m'accusera pas de voiler ou d'affaiblir l'argumentation hostile aux journaux : je la produis dans tout son jour, qui ne m'incommode nullement comme on va voir.

Oui, sans doute, il importe à la société, il lui importe comme la vie même, que l'impôt, le conscrit, la route ne soient pas interceptés par une décision judiciaire. Comme l'État est armé et crédité tous les ans par un vote d'impôts et de soldats, il ne faut pas que, sous couleur de répartition et sous prétexte de procès, quelque juge indépendant puisse porter la main sur ces sources vitales. Il y a une liaison intime entre la marche des services publics et le jugement du contentieux dont ils peuvent être l'occasion. Ce jugement, l'État a bien fait de le garder par-devers lui. Mais qu'y aurait-il de compromis dans les services publics et même dans la paix publique, si un droit, tel que de commenter et de contrôler le gouvernement, jouissait des garanties judiciaires ? En quoi le gouvernement serait-il désarmé, s'il avait contre le journal les mêmes armes seulement que contre le conspirateur et l'insurgé? Il n'est guère croyable que dans la répartition de l'impôt et du recrutement, l'État puisse être un juge inique. Mais à l'égard des journaux, comment serait-il un juge quand il est partie, victime, patient? Il est assisté d'ailleurs dans la répartition de l'impôt et du recrutement par les pouvoirs locaux électifs : mais à l'égard de la presse, vous ne retrouverez rien de cette intervention, de cette garantie. Enfin l'impôt, le recrutement, l'expropriation, ont toujours été traités comme ils le sont aujourd'hui, sans qu'il y ait eu grand dommage à cela, et nous sommes réduits aux conjectures sur le bien qui aurait pu naître du traitement contraire. Il n'en est pas ainsi de la presse : elle a connu un tout autre régime pendant de longues années, qui nous ont fait ce que nous sommes, ne vous déplaise, des années fructueuses, où l'on a vu un inconcevable essor d'intelligence et de richesse, et le point de départ, la fondation, en quelque sorte, dans les lois, dans les idées, dans les mœurs, dans les personnes même, de tout ce qui constitue et pousse encore aujourd'hui avec tant de vigueur la société française. Oui, dans les personnes : regardez donc au sommet de cette société, vous n'y verrez que les produits, les élèves d'un temps où la France tout entière avait la parole; et c'est ce qui fait, dans la plénitude de pouvoir dont ils jouissent, leur modération relative, leur savoir-vivre politique : ils ont en eux, ils ont pour eux les mœurs d'autrefois.

Ne quittons pas ce principe de l'utilité publique, dont on argumente contre le journal; mais tirons-en toutes les conséquences, celle-ci notamment que le journal doit être une chose jugée, et non une chose administrée. Tout comme il importe que l'État ne soit pas gêné par l'individu et par les droits individuels dans l'exécution des services publics, de même il est précieux et indispensable que l'individu ne soit pas gêné par l'État dans son contrôle de citoyen.

Dès que nous parlons de sociétés parvenues à l'âge d'homme, à la vie politique, il faut y reconnaître apparemment le droit de se gouverner elles-mêmes. Ce droit elles ne peuvent l'exercer directement, quand elles ne sont ni une cité grecque ni un canton suisse, pour tenir sur un *forum*. Il suit de là que le pouvoir des sociétés sur elles-mêmes consiste en deux fonctions; l'une qui est de déléguer le gouvernement, l'autre, qui est de contrôler ce gouvernement de mandataires. Ainsi tout procède de la nation, le pouvoir exécutif comme le législatif, et la nation a le droit de tout juger, et elle n'aliène pas ce droit le jour où elle nomme des représentants pour vérifier ou pour exécuter ce qui passe sa suffisance. La société est le fond de tout : les pouvoirs en sortent par la délégation et en relèvent pour le jugement. Où que vous preniez vos principes, dans la raison pure, dans l'expérience française et étrangère, dans les

analogies du droit privé, la conclusion est la même : droit de tous,
droit inaliénable et permanent à connaître, à juger le gouvernement, droit qui subsiste, malgré le mandat, et sur la chose qui
est l'objet du mandat, et sur la personne qui en est le dépositaire.
Or, si ce droit est pour tous et de tous les jours, je vous défie bien
d'en trouver un autre exercice que le journal avec sa périodicité et
sa circulation ?

Maintenant vous aimeriez peut-être mieux user de principes plus
modestes, et passer à un point de vue plus pratique ? Je le veux bien :
parlons simplement du droit élémentaire qu'ont les citoyens de
nommer des représentants pour contrôler le pouvoir exécutif. Or
voici, dans cette simple donnée, la série de questions à résoudre :
qui jugera les représentants, si ce n'est le citoyen qui les a élus, qui
peut être appelé à les réélire, qui a certainement des comptes à
leur demander? comment les jugera-t-il, si ce n'est dans leurs
rapports avec le pouvoir exécutif, ce qui implique une appréciation
nécessaire du gouvernement tout entier? comment exercera-t-il ce
jugement, s'il n'est informé de la chose publique par un bulletin
qui lui en apporte chaque jour des nouvelles et des commentaires ?
Et, je vous le demande un peu, que vaudra ce bulletin, si le gérant de
la chose publique n'y laisse paraître que les faits et les jugements
qui sont à son avantage ou à l'honneur de l'assemblée dont il a dési-
gné les membres et pour ainsi dire imposé l'élection, en présence
de journaux silencieux? Ici nous l'avons indiqué déjà, apparaît
l'hypothèse du pouvoir absolu..... et disparaît par cela même le
principe de l'utilité publique que vous invoquez contre la presse.
D'utilité publique, il n'y en a plus, parce qu'il n'y a plus de chose
publique, parce que la société ne s'appartient plus, mais appartient
à ses gouvernants, parce que le pouvoir devient une propriété,
une chose particulière, comme il l'était au moyen âge. Telle n'est
pas et telle ne sera jamais notre situation. Seulement j'éprouve, en
le poussant à ses conséquences extrêmes et hyperboliques, l'argument que je combats. Vous croyez en livrant le journal, assurer tel
grand intérêt de la chose publique! Mais vous ne faites que détruire
la matière, la substance même de la chose publique.

Et propter vitam vivendi perdere causas.

Dans une discussion moins grave, et si ce n'était la majesté du
lieu, on pourrait vous dire que vous vendez votre cheval pour ache-
ter du foin.

Si ces considérations ne vous contentent pas encore, s'il vous plaît
mieux de prendre les choses par le menu, rien n'est plus facile.
Dès qu'il s'agit de contrôle, on le rencontre partout avec la plura-

lité qui est un de ses caractères. En dehors même des pouvoirs politiques, dans la région des simples services publics, il n'est pas d'appareil bien réglé qui ne porte en soi cette fonction essentielle, qui
ne l'admette parmi ses rouages intestins. On cite volontiers pour son
bel ordre et ses combinaisons, ses sûretés, notre administration des
finances. Mais cette administration, encore qu'elle ait une Cour des
comptes au-dessus d'elle, a ses contrôles intimes et préalables,
qu'on trouve énumérés dans *le Système financier de la France* : contrôle du ministre des finances sur ses collègues, contrôle du payeur
du trésor sur la créance payée, contrôle surtout de la commission
fondée par l'ordonnance du 10 décembre 1823. C'est ce que M. d'Au-
diffret appelle *le contrôle administratif de la comptabilité publique*, et
qu'il estime nécessaire, encore qu'il y ait le contrôle judiciaire et le
contrôle législatif. Et tous nos services publics en sont là : les dépar-
ments sont pleins de contrôleurs. Concluez de là que le corps express-
sément chargé du contrôle politique n'exclut pas celui des citoyens.
À Londres, dit Montesquieu, *un couvreur se fait apporter le journal sur les toits*. Cette caricature est la vérité même et la pure
expression du droit en tout pays civilisé, qu'il ait ou qu'il n'ait pas
le suffrage universel.

Mais à ce compte, direz-vous, le journal est un pouvoir. Et ce pouvoir sera-t-il donc sans abus, sans excès? doit-il échapper lui-même
à tout contrôle? Peut-on supposer que, né de lui-même, sans mis-
sion et sans aveu, il demeurera sincère, infaillible? Je ne le pense
pas le moins du monde, et j'admets ou plutôt je réclame à son
égard des responsabilités, des répressions, tandis que les mandataires réguliers de la nation jouissent d'une immunité judiciaire.
Ainsi on reconnaît une différence capitale entre le contrôle délégué
par les citoyens et le contrôle qu'ils retiennent par-devers eux sous
forme de journaux : il me semble qu'on fait droit, par cette différence de traitement, à celle des origines et des garanties.

III

Non assurément, la presse n'est pas un sacerdoce ; mais elle est
une publicité, un éclat, un scandale, qui fait reculer les méfaits et
même les mauvaises intentions. Voulez-vous qu'un mur soit res-
pecté? plantez-y une lanterne : cette précaution est plus sûre que
celle de l'arrêté de police inscrit sur le mur. Quand les jugements
sont publics, pourquoi n'en serait-il pas de même, la diplomatie ré-
servée, du gouvernement tout entier? Cette garantie serait précieuse

pour la société, dans des choses qui l'intéressent autrement que des procès. Or, comment aura lieu cette publicité de ce qui ne peut se passer sous les yeux du public, si ce n'est par la voie du journal?

Je vais plus loin. J'admets que la presse ne comporte pas une de ces discussions, une de ces contradictions lumineuses d'où jaillit la vérité ; je reconnais que chaque public a son journal, ou plutôt que chaque journal a son public, qui n'en lit pas d'autres. Mais la presse n'en rend pas moins des services précieux ; car il ne s'agit pas toujours de discuter. Il suffit quelquefois d'énoncer un fait, de montrer les choses, de dire simplement : voilà ce qui est. Les journaux, dans cet office, répandent un jour qui n'est pas de trop sur les choses du gouvernement, sur la conduite des fonctionnaires, si nombreux en ce pays et satisfaits d'eux-mêmes à si bon compte. Les journaux ne font peut-être pas un travail d'où se dégage la lumière ; mais ils sont la lumière même apportée ou imminente : une révélation ou une intimidation. On n'a pas d'idée du mal qu'ils empêchent : tout pouvoir est devant eux comme un juge de premier degré qui voudrait bien prévariquer, mais qui n'ose, parce qu'il sent au-dessus de lui un juge supérieur, prêt à signaler et à casser la sentence inique.

Si le journal, quand il devient commentaire et théorie, sera toujours dans la limite du vrai, s'il n'appuiera jamais que des mesures saines et honnêtes, s'il aura toujours cette polémique sincère et courtoise où l'on fait beau jeu, *fair play*, à ses adversaires, c'est un point où le doute est permis. Cependant le journal est nécessaire à l'éducation d'un pays. Parler politique aux hommes, leur en parler tous les jours, c'est faire plus de bien que de mal : 1° par l'élévation du sujet ; 2° par l'obligation où se trouvent les écrivains de voiler leurs motifs et de ne montrer que leurs prétextes : bien public, honneur, morale, etc. ; 3° par le goût naturel qu'ont les hommes pour la vérité dans les choses générales et distantes.— Ceci est le beau côté de la nature humaine, le côté qui reçoit et garde la lumière. Il en est de la politique comme du théâtre. Sur toutes ces planches, ce qui est noble et grand se fait acclamer. Dès que vous dressez des tréteaux, surtout en France, vous avez une école de beaux sentiments, un masque sonore, d'où partent les plus nobles maximes. Le rôle de l'hypocrisie est considérable dans la patrie et dans la famille, où la dissimulation des exemples, jointe à l'ostentation des préceptes, est un des ressorts du progrès moral. Appeler cela hypocrisie est peut-être une hyperbole : orateurs, écrivains, pédagogues, sont dupes de leur parole au moment où ils parlent. Ce mécanisme de docteurs pris au sérieux par leur auditoire, d'un public pensant ce que disent les journaux, est curieux à observer.

Ainsi les journaux n'ont pas le mérite peut-être de la discussion, mais celui d'un exposé de motifs où le cynisme des intérêts ne peut se donner carrière. Au surplus, quand vous me dites que les débats de la presse n'ont rien de contradictoire et de fécond ; quand vous ajoutez que le journal est comme un puissant avocat qui parle seul à des jurés ineptes, pour en conclure qu'il faut épargner au pays ce conseiller insidieux, ce principe de tout mal..., il y a lieu de relever dans ce langage deux légèretés : d'abord un oubli, ensuite une inconséquence. L'oubli est celui de ces communications supérieures, péremptoires, qui sont le droit de réponse et de défense réservé au gouvernement. Voilà, il faut en convenir, la contradiction restaurée de main de maître, avec ses mérites et ses effets probables. Quant à l'inconséquence, voici à quoi l'on fait allusion : il me semble que nous avons quelque chose comme la liberté d'enseignement, en ces termes du moins, que le clergé, que les ordres religieux, et tous les citoyens de toutes les opinions peuvent ouvrir des collèges, à la condition seulement d'une inspection exercée par l'État. Il va sans dire que cette inspection est illusoire, en ce qui regarde la matière et l'esprit de l'enseignement : Si telle maison enseigne les doctrines de l'Encyclique, l'État n'en saura rien ; maîtres et élèves n'iront pas s'en vanter aux inspecteurs. J'apprends même que ce droit d'inspection ne s'exerce pas. Or, entendons-nous bien : je n'affirme pas que tel soit l'enseignement d'aucune école privée, et même je ne le crois pas. Je ne critique pas non plus le régime où cet enseignement est possible à toute rigueur. Rencontrant ici le nom de liberté, un échantillon de liberté, je m'arrête et je me borne à cette question : Si vous ne craignez pas le Jésuite pour l'enfant, pourquoi craindriez-vous un journal pour l'homme du peuple?

IV

Dès qu'il n'est pas question de laisser la presse absolument libre, il n'y a pas lieu de la craindre : il n'y a pas même lieu de déplorer son imperfection, comme l'a fait un publiciste illustre.

J'avoue, dit Tocqueville, *que je ne porte point à la liberté de la presse cet amour complet et instantané qu'on accorde aux choses souverainement bonnes de leur nature.* — Mais est-il donc une chose au monde digne d'un pareil amour? Il me semble qu'il n'y a rien d'absolument bon, si ce n'est l'absolu, l'idéal, — dévouement, pa-

triotisme, honneur, science, charité... — c'est-à-dire des. abstrac-
tions : non que j'entende par là des chimères, je les tiens au contraire pour des lois qui nous obligent impérieusement. Mais *les lois,*
comme, dit Montesquieu, *sont les rapports nécessaires. des choses.*
Que si vous regardez aux choses elles-mêmes, aux réalités élémen-
taires qui composent la nature et la société humaine, il n'en est
aucune d'absolument bonne : pas même le travail qui peut devenir
usure et prêt sur gages : pas même la concurrence qui peut devenir
sophistication des produits : pas même l'instinct paternel qui, chaque
jour, peut livrer l'enfant à quatorze heures de travail manufacturier.
Les forces qui constituent la société sont nécessaires mais faillibles :
d'où il suit qu'elle n'en supprime aucune, et n'en laisse aucune
non plus sans règlement, sans discipline.

Remarquez que le Code pénal réprime des actes, mais ne supprime
aucune espèce d'activité. De ce que la langue humaine est capable
de mensonge, on a tiré cette unique conséquence qu'il convient de
faire certaines lois contre le mensonge. L'esprit n'est pas infaillible
et ne le devient pas à se faire journaliste. Cependant pourquoi l'esprit
et le journal seraient-ils seuls au monde à subir une compression
absolue? puisque l'esprit n'est plus un pouvoir comme il l'était autrefois sous une législation électorale qui croyait le reconnaître
à certaines conditions pécuniaires, puisque le pouvoir a passé au
nombre, l'esprit, déchu de son privilège, devrait tout au moins avoir
sa part de droit commun et ne répondre de ce qu'il fait, fût-ce un
journal, que devant la loi.

Le journal, c'est l'homme et sa médiocrité bien connue dans une
fonction réputée nécessaire, et là comme ailleurs il ne doit être ni
indépendant ni asservi. — *Non,* dites-vous, *l'homme-journal n'est pas
seulement médiocre, il est radicalement mauvais ; il n'a pris cette fonction que pour atteindre un but tout personnel d'ambition ou de cupidité;
il a contre lui une présomption naturelle de rouerie et de malfaisance.*
— Laissez-moi vous demander à mon tour si l'homme officiel est
meilleur, s'il n'a pas ses tentations qui le dépravent, si ces pasteurs
des peuples n'ont pas été longtemps le loup qui les dévora, si l'éter-
nel effort de l'humanité n'a pas toujours été de les combattre et de
les réduire? Pour en revenir à notre temps, quand la passion politique
est dans un pays, elle y est partout, du haut en bas, avec les vices de
l'humanité, qui veulent une presse contre le pouvoir et des lois contre
la presse, mais qui ne veulent la mort d'aucun de ces pécheurs.

Ainsi le journal n'est ni plus ni moins qu'une certaine application
à la chose publique de toute notre nature, de nos bonnes et de nos
mauvaises qualités. Toutefois c'est ici que notre nature se relève
et s'améliore, que la vérité a le plus de prises, justement parce qu'il

s'agit de chose publique et non de chose personnelle où l'égoïsme
est absolu. Mais il faut prendre du champ pour expliquer cela.

Quand vous ouvrez l'homme, deux choses y apparaissent tout d'a-
bord, l'égoïsme et le sens moral : comme égoïste, l'homme est prévenu
passionnément en faveur de lui-même, il se préfère à tout, et peut-
être ne faut-il pas moins que cette force de l'instinct pour la conser-
vation de l'individu, pour décider à vivre les Esquimaux et les René,
pour tenir le monde peuplé. Mais avec le sens moral, l'homme reconnaît une vérité supérieure et impersonnelle qui comprend le droit
de ses semblables. Bien plus, il préfère quelquefois cette vérité à son
intérêt, mais à deux conditions : d'une part, lorsque la vérité est d'une
application distante et d'une obligation générale : d'autre part, lorsque son intérêt n'est pas actuel et immédiat.

Tout ceci devient clair dès qu'on pense au législateur. Voilà un
homme de chair et d'os, un égoïste apparemment, très-capable néan-
moins de faire des lois contre la banqueroute, contre les maisons
de jeu, contre le divorce, qui le gêneront peut-être un jour, qui
l'atteindront gravement dans ses intérêts : mais en attendant, la
vérité de ces lois le frappe, le subjugue et conquiert son assen-
timent.

Demandez à un homme son concours pécuniaire pour fonder une
école dans son village : peut-être le refusera-t-il. Mais proposez-lui
une loi pour fonder des écoles au moyen de l'impôt, il votera cette
loi comme législateur, il en imposera le vote comme électeur, comme
citoyen, comme abonné de journaux, encore qu'il s'oblige ainsi à
payer quelque jour un impôt égal ou supérieur peut-être à la sous-
cription dont il s'est défendu. Néron qui brûlait Rome eût fait à
coup sûr une loi contre les incendiaires, si quelque Papinien là lui
eût proposée : et nul doute que don Juan, siégeant aux Cortès, n'eût
été un gardien sévère de la morale publique. Telle est, à côté de
notre égoïsme, notre morale : elle consiste (non pas uniquement,
mais surtout) à reconnaître la vérité théorique avec cet effet pratique
de laisser faire ou même de faire des lois pour imposer l'observance
de cette vérité. C'est par là que l'homme est sociable et qu'il est citoyen, c'est-à-dire capable, non-seulement de vouloir et de subir des
gouvernements contre son égoïsme, mais de constituer et d'exercer
ce gouvernement.

Il est aisé de voir maintenant ce que vaut la libre parole en matière politique. Dès qu'on peut dire toutes choses sur ce grand sujet,
on dit la vérité, entre autres : le goût naturel des hommes pour ce
genre de vérité fait le reste. Ce goût détermine l'opinion publique,
dès qu'elle peut s'éclairer et discuter comme fait le législateur. Si
'exercice du pouvoir est une exaltation de l'homme, avec une discus-

sion libre, cet effet a lieu partout. L'homme ainsi fait n'est pas un ange, mais il n'est pas non plus un castor, un Hindou, un Chinois : il est progressif. Dans cette duplicité de son être, dans cet antagonisme apparent dont il est fait, il n'est pas prédestiné au mal, et l'on ne peut pas dire non plus qu'il soit équilibré pour l'inertie : il porte en lui un artifice qui donne le change à ses instincts égoïstes, qui le pousse au bien et lui ferme le retour. Malgré les misères de sa nature et de sa condition, il rencontre, chemin faisant, telle occasion où la vérité l'attire : cette occasion est celle du gouvernement, cette vérité est celle qui s'adresse aux choses d'ensemble et d'avenir social. A ce titre, s'il n'est pas parfait, il est perfectible, imposant à sa postérité, subissant peut-être lui-même quelque jour les lois meilleures que sa conscience lui a révélées, et que son égoïsme, une faculté du moment, a laissé passer, menacé qu'il était, mais non blessé sur l'heure.

Ainsi l'homme a une faculté pour le progrès, qui est le sens moral. Mais la carrière qu'il faut à cette faculté, c'est la législation, le gouvernement, ou tout au moins la libre discussion de ces choses, répandue sur tout un pays : il arrive alors que ce pays s'élève moralement par le même procédé qui élève les législateurs et les gouvernants. Remarquez bien que le progrès a lieu seulement où l'on discute, c'est-à-dire en Occident ; et que parmi les sociétés occidentales, le plus rapide appartient aux plus discuteuses dont nous avons fait partie jusqu'à présent. Et ce progrès n'a pas lieu seulement pour les mécanismes de pouvoir, pour la conduite des gouvernements. Ce n'est pas moins qu'un progrès universel, encore qu'il ait une origine purement politique. Les lois, par le sens implicite de leurs clauses, et surtout par leurs *exposés de motifs*, professent une morale qui descend dans les mœurs, appuyée sur le prestige de cet exemple et de cette propagande. De telle façon qu'une société s'améliore par les lois, les lois elles-mêmes s'améliorant par la discussion libre et publique, où la vérité est proposée à l'homme dans ces termes généraux et lointains qui lui en font sentir la valeur, sans lui en demander le prix. A cette hauteur, on peut bien dire que la politique a quelque chose de la religion, élevant les hommes au-dessus du sillon où ils passent leur vie, les appelant dans la sphère des idées générales et désintéressées. Elle est, à sa manière, une éducation, un spiritualisme, et l'on ne peut nier que le journal n'en soit la meilleure forme, peut-être même la seule diffusion possible.

Maintenant est-ce toujours la vérité que l'homme aperçoit, et dont il est touché dans les choses générales? Je ne l'affirmerai pas : c'est peut-être seulement son intérêt bien avisé; mais peu importe, puisqu'il y a une liaison naturelle du juste et de l'utile. La nature a tellement ménagé les choses à notre usage, qu'elle nous laisse voir cette alliance dans l'ordre politique, nous attirant au bien de tous côtés, par l'utile qui en est l'effet, comme par le beau qui en est la splendeur. Ce mécanisme fait honneur à qui de droit, prodigieux parce qu'il est simple pour une fin aussi compliquée, que de faire vivre en paix, les livrant à eux-mêmes (ce qui est le cas du *self-government*); des êtres égoïstes, bornés et misérables. Mais encore faut-il qu'on s'explique, qu'on discute, pour reconnaître cette harmonie des intérêts et des consciences, pour monter à cette notion de l'utile où il se confond avec le juste.

En résumé, veut-on savoir ce que vaut la discussion politique? Il faut regarder les pays où l'on ne discute pas, et ceux où l'on discute; l'Occident, qui marche comme on sait, tandis qu'en Orient l'humanité sommeille, pétrifiée et figée sous des lois qui ne changent pas plus que les lois naturelles, les unes et les autres étant également réputées divines. Veut-on comprendre ce fait, il faut remonter un peu plus haut, à l'esprit humain : il faut savoir ce que vaut cet esprit, ou plutôt comment il acquiert toute sa valeur, et déploie toute sa lucidité morale. Il faut enfin regarder la France, son génie par où elle est sensible à la raison théorique, et son institution actuelle qui a mis le droit politique partout.

V

Si la parole politique est un besoin quelque part, c'est surtout dans cette race et dans cette société. Le journal y est un article de civilisation comme le gaz, la vapeur, l'électricité, la monnaie de papier, la poudre. C'est chose moderne que cette façon d'écrire et de parler politique ; or, cette chose, dans une société qui en a joui, ne peut pas plus s'abdiquer que le reste. Dire aux hommes : vous serez citoyens sans journaux, c'est leur dire : vous voyagerez sans la vapeur, vous commercerez sans la monnaie de papier, vous correspondrez sans la télégraphie. Pourquoi donc l'esprit, qui a ses besoins, n'en aurait-il pas la satisfaction selon le mode et les procédés du jour, tout aussi bien que les besoins de locomotion, d'éclairage, d'échange? Le journal est à la vie politique des peuples ce que l'emploi de certaines forces naturelles est à leur vie économique, je veux dire un appareil et un développement nécessaires. Renvoyer le monde aux communications fortuites, aux véhicules grossiers, qui jadis portaient la pensée d'un point à un autre, c'est comme si l'on nous ôtait le chemin de fer, la monnaie de papier, le télégraphe, avec cette parole consolante : il vous reste la poste, les écus, les messageries.

Si le journal tel que nous l'avons connu était une chose absolument mauvaise, c'est la première fois qu'on reconnaîtrait ce caractère à une des nouveautés les plus admises en toute société contemporaine. Ceci n'est pas tout à fait un argument, mais une considération que l'on soumet à l'expérience du lecteur. A-t-il connaissance d'une chose amenée par le temps, accueillie par les mœurs, établie au cœur même de nos usages et de notre vie, qui en ait été exclue tout à coup pour faire place soit au vide, soit à la chose ancienne et similaire? Les sociétés n'adoptent pas d'un jour à l'autre par une pure fantaisie tel usage, tel procédé, tel aliment de corps ou d'esprit. Il n'y a que les modes qui s'improvisent. Ce qui est venu pas à pas, ce qui date de Richelieu comme le journal, et qui a flotté d'abord dans l'insignifiance et la tolérance, pour prendre une forme arrêtée, une faveur considérable et les caractères reconnus d'un droit, cette chose, dis-je, en ce dernier état, a pour elle une présomption de nécessité acquise, d'à-propos permanent. Elle a traversé cette épreuve du temps, cette diversité des fortunes qui ne laisse passer que les choses robustes et viables. Le journal actuel a succédé au *Mercure de France*, comme la vapeur aux messageries, comme le gaz aux réverbères, comme le billet de banque aux sacs d'écus; toutes choses irrévocables, autant dire inviolables, dont les mérites, les inconvénients, les périls mêmes et les poisons ont un avantage marqué sur l'ébauche ou sur le néant dont elles ont pris la place. En tout cas, ce sont les formes, les organes en quelque sorte de la vie moderne. Où en serions-nous si, ayant détruit le passé qui vivait à sa façon, nous allions congédier le présent et les nouvelles façons de vivre qui lui sont venues? Une société serait au-dessous de tout, qui n'aurait pas les biens modernes pour lui tenir lieu des garanties d'autrefois. Songez donc que ces nouveautés de toute sorte ont remplacé, ont licencié à jamais les choses anciennes qui avaient leur mérite, les services anciens dont il n'y a plus de trace ; de telle façon qu'une de ces choses nouvelles disparaissant, le vide est complet, la privation totale et quelquefois sans remède. Si quelque mauvais génie faisait disparaître d'un coup de baguette la vapeur et le gaz, nous n'aurions à subir que pour un temps l'inertie et l'obscurité ; on verrait bientôt reparaître les postes et les lanternes. Mais, dans un pays où les ordres et les castes ont disparu à jamais, où l'individu n'a plus l'appui qu'il y trouvait jadis, où la presse, comme expression des droits publics et individuels, a remplacé cette ancienne armure... la presse abolie emporterait avec elle toute faculté, toute force individuelle. Il n'y a rien là d'imaginaire. Supposez quelque abus de pouvoir, une violence, une iniquité de fonctionnaires. Où ira le citoyen lésé ? à qui se plaindra-t-il ? A ses concitoyens ? Mais il n'en peut réunir que dix-neuf. Aux tribunaux ? Mais vous le savez, les tribunaux se récusent dès qu'il s'agit de fonctionnaire mis en cause, et renvoient le plaignant au conseil d'État, en vertu de l'art. 75 de la Constitution de l'an VIII, article immortel d'une de nos défuntes constitutions. Quant aux ordres et aux castes, ils ont été brisés en 89, et les fragments n'en valent rien contre l'État omnipotent qui s'est élevé sur leurs ruines. Je vous prie bien de le remarquer, autrefois, c'était toute autre chose.

Je voudrais pour beaucoup qu'il me fût permis de rappeler ici un fait, une anecdote, un conte peut-être, qui ne marque pas mal la différence des temps où nous vivons et de ceux où il y avait des castes. Cette *illustration* se trouve dans un livre dont l'auteur, dont le titre surtout, ne font pas autorité en matière de droit public. Peu importe : on prend où on les trouve ses moyens de preuve, ses occasions de réfléchir ; le grain mis en lumière par la *poule aveugle* dont il est question dans le célèbre apologue de Lessing, n'en est pas moins du grain. Cela soit dit sans offenser Stendhal, dont voici l'anecdote, sans plus de préambule : Nous sommes aux environs de 1780, à l'Opéra, à la première représentation d'*Orphée*. Maître Pernot, procureur au Châtelet et gluckiste passionné, est aux meilleures places, parmi les plus brodés, les plus chamarrés. On allait lever le rideau, l'attente et le silence étaient partout, quand arrive un officier aux gardes, qui demande une place fort impérieusement, qui n'en trouve pas, qui s'emporte et se désespère, mais qui se ravise, apercevant maître Pernot et son habit noir. Il va droit à lui : Qui êtes-vous ? que faites-vous là ? — *Je suis M. Six-franc, mon envie de voir Orphée vaut bien la vôtre...* On rit ; mais notre officier, qui a reconnu son régiment dans les sentinelles du corridor, les appelle, leur fait signe, et on se met en devoir d'expulser maître Pernot. Le moyen de résister ! il cède à la force, mais sa protestation est bruyante, véhémente. *Il est officier du parlement; on viole en sa personne les prérogatives et la dignité du parlement; il portera plainte à Messieurs, il aura raison d'un affront fait à la compagnie tout entière.* Cette menace n'était pas vaine, pas plus que le parlement : il se plaignit, et avec tant de force, avec tant d'adresse, que le parlement prit fait et cause pour son officier et décréta de prise de corps l'officier aux gardes. Il y avait bien en ce temps-là quelque chose comme les évocations, les *committimus*, les abolitions de procédure ; mais ces grandes machines n'étaient pas de tous les jours, ne jouaient pas pour tout le monde, et l'officier aux gardes, homme de condition, je suppose, mais qui n'était pas duc d'Aiguillon, eut sur les bras une fort méchante affaire. Les castes, non moins que les chansons, tempéraient la monarchie d'autrefois.

Eh bien, aujourd'hui, pareille violence arrivant, pareille justice n'existerait pas. Savez-vous qui serait juge de la violence? Un conseil de guerre. Comment, me direz-vous, un conseil de guerre pour prononcer sur des voies de fait commises à l'Opéra! — Eh! mon Dieu, oui; le prévenu était à l'Opéra, mais il était sous le drapeau... C'est ainsi que l'entend une loi spéciale et judicieuse, comme il nous en reste bon nombre encore. On ne dit rien là qui ne soit fondé sur des textes et sur une jurisprudence qu'on pourrait étaler tout au long.

Mais le lecteur me dispensera peut-être de ce pédantisme; seulement il me dira que tout a changé de nos jours, que les mœurs de 1780 ne sont pas les nôtres, qu'il ne faut pas regretter une justice inutile pour un scandale impossible et chimérique. C'était aussi mon sentiment, un jour que je contais l'anecdote de Stendhal à un homme d'esprit de mes amis : *Les lois et les garanties d'autrefois ont disparu, lui disais-je, mais aujourd'hui les mœurs en font l'effet. — Aujourd'hui, soit, me dit-il; mais dans dix ans?...* Je cherche encore ma réponse.

Ainsi les castes n'existent plus; quant aux tribunaux, ils n'existent pas encore avec le pouvoir qu'il faudrait pour être juste envers et contre tous. Reste un pouvoir, un recours suprême, celui de l'opinion : mais encore faut-il le saisir, l'interpeller. Il n'y a que les journaux pour cela. Or comment les journaux feront-ils leur office s'il y va de leur existence? De ceci rapprochez un peu ce qu'on a dit plus haut sur des élections faites sans journaux, sur le genre de pouvoir qui sort de ces élections, et vous entreverrez peut-être, si vous avez quelque souci des droits publics et individuels, que les uns et les autres seraient fort mal gardés par une presse administrée, par des journaux de tolérance.

Mais il nous reste à examiner si tel régime électoral, si telle révolution récente, ne s'élèvent pas contre cette conclusion ; si nous ne sommes pas dupe de quelque malentendu en ramenant à la question du journal presque toute la liberté française; s'il n'y a pas autre chose que le journal pour constituer ou pour préparer le gouvernement du pays par lui-même; si cette chose au contraire n'a pas à répondre de certains ébranlements dont on lui impute le crime et dont on appréhende la récidive.

Ce sera l'objet d'une prochaine étude [1].

DUPONT-WHITE.

----

[1] Cette première étude a été publiée, à très-peu de chose près, par le *Correspondant*, dans le numéro du 25 janvier 1866. — Nous éprouvons le besoin d'en remercier hautement ce recueil hospitalier et libéral.

PARIS. — IMP. SIMON RAÇON ET COMP., RUE D'ERFURTH, 1.